LIVRE GUIDE DES JEUX OLYMPIQUES

SOMMAIRE

BREVE HISTOIRE DES JO

Les Jeux olympiques ont une longue histoire qui remonte à l'antiquité et spécifiquement à la Grèce antique. Selon la mythologie grecque, les Jeux ont été fondés par Héraclès en l'honneur de son père Zeus. A noter que les premiers Jeux olympiques documentés ont eu lieu en 776 avant J.-C. à Olympie, en Grèce. À début, les Jeux se déroulaient tous les quatre ans, sous le nom d'Olympiades, et étaient réservés aux hommes.

Les Jeux olympiques de l'Antiquité comprenaient diverses épreuves sportives telles que la course à pied, la lutte, le lancer du disque et le saut en longueur. Les athlètes étaient considérés comme des héros et étaient souvent récompensés par des couronnes d'olivier et des honneurs dans leurs villes natales.

Selon plusieurs sources historiques, les Jeux olympiques antiques ont pris fin en 393 après J.-C., lorsque l'empereur romain Théodose 1er a interdit tous les cultes païens, dont les Jeux olympiques font parties.

Il a fallu attendre la fin du 19ème siècles, plus exactement en 1896 pour que les premiers Jeux olympiques modernes ont eu lieu à Athènes (Grèce). Le baron Pierre de Coubertin a été l'initiateur de cette renaissance des Jeux olympiques et a fondé le Comité international olympique (CIO). Ces Jeux Olympiques ont accueilli 241 athlètes de 14 pays différents et ont présenté des épreuves telles que la course à pied, la natation et le cyclisme.

Depuis cette date, les Jeux olympiques ont lieu tous les quatre ans, sauf pendant les deux guerres mondiales. Les Jeux se sont déroulés dans différentes villes du monde, comme Paris, Londres, Tokyo, Pékin et Rio de Janeiro...

Les Jeux Olympiques modernes ont évolué pour inclure une plus grande diversité d'épreuves sportives, en ajoutant des sports comme le tennis, le basket-ball et le snowboard.

Les Jeux olympiques de Berlin en 1936 ont été marqués par un moments historique qui est la participation de l'athlète noir américain Jesse Owens aux Jeux de Berlin en 1936, et la réunification de l'Allemagne aux Jeux de Séoul en 1988.

Les Jeux Olympiques de Paris 2024 seront les premiers à inclure des sports tels que le break-dance et le surf, ce qui reflète le désir de continuer à élargir la diversité des sports olympiques.

CHRONOLOGIE DES JO

Année	Ville
1896	Athènes
1900	Paris
1904	Saint-Louis
1908	Londres
1912	Stockholm
1916	Annulé 1ère GM
1920	Anvers
1924	Paris
1928	Amsterdam
1932	Los Angeles
1936	Berlin
1940	Annulé 2e GM
1944	Annulé 2e GM
1948	Londres
1952	Helsinki
1956	Melbourne
1960	Rome

Année	Ville
1964	Tokyo
1968	Mexico
1972	Munich
1976	Montréal
1980	Moscou
1984	Los Angeles
1988	Séoul
1992	Barcelone
1996	Atlanta
2000	Sydney
2004	Athènes
2008	Pékin
2012	Londres
2016	Rio de Janeiro
2021	Tokyo
2024	Paris

POUR VOTRE INFORMATION

La devise olympique se compose de trois mots latins :Citius - Altius - Fortius. Ce qui signifie : Plus vite - Plus haut - Plus fort. C'est le prêtre dominicain Henri Didon qui est le premier à exprimer ces mots lors de la cérémonie d'ouverture d'une épreuve sportive scolaire en 1881.

Les Jeux Olympiques sont composés de deux types d'événements: les Jeux Olympiques d'été et les Jeux Olympiques d'hiver. Les deux Jeux Olympiques ont lieu tous les quatre ans, mais les jeux Olympiques d'hiver se déroule deux ans après les Jeux Olympiques d'été.

Les Jeux Olympiques de Tokyo 2020 ont été reportés à 2021 en raison de la pandémie de COVID-19

POUR VOTRE INFORMATION

Les cinq anneaux olympiques représentent les cinq continents : l'Europe, l'Asie, l'Afrique, l'Amérique du Nord et l'Amérique du Sud. Les couleurs des anneaux olympiques (bleu, jaune, noir, vert et rouge) ont été choisies parce qu'elles apparaissent sur les drapeaux de tous les pays du monde.

Les médailles d'or sont principalement composées d'argent, avec une fine couche d'or. Les médailles d'argent sont principalement composées d'argent, tandis que les médailles de bronze sont principalement composées de cuivre.

Les sports olympiques sont réglementés par le Comité international olympique (CIO). Le CIO est aussi l'organisation responsable de la gestion et de la promotion des Jeux Olympiques

POUR VOTRE INFORMATION

Les athlètes olympiques doivent passer par un processus de qualification rigoureux pour pouvoir participer aux Jeux Olympiques. représentent souvent leur pays d'origine et portent le drapeau de leur pays lors de la cérémonie d'ouverture des Jeux Olympiques.

Les Jeux Olympiques modernes ont un code de conduite strict pour les athlètes, les entraîneurs et les officiels, visant à promouvoir des valeurs telles que le fair-play et le respect mutuel

La tradition de la flamme olympique remonte aux Jeux Olympiques de 1936 à Berlin. Cette tradition a été instaurée pour symboliser la continuité entre les Jeux Olympiques de l'Antiquité et ceux des temps modernes.

POUR VOTRE INFORMATION

Pendant les JO de Paris en 1924, le nageur japonais Katsuo Takaishi a nagé le 200 mètres brasse avec un bras seulement.

Pendant les JO de 1920 à Anvers, l'haltérophile américain Charles Rigoulot a soulevé 111 kg avec une seule main.

En 1924 aux Jeux Olympiques de Paris, l'athlète finlandais Paavo Nurmi a remporté cinq médailles d'or en athlétisme en seulement six jours. Il a remporté les épreuves du 1500m, du 5000m et du 3000m par équipe ainsi que les deux épreuves de cross.

Aux Jeux Olympiques de 1932 à Los Angeles, une compétition d'art a été organisée où les médailles étaient attribuées pour des œuvres d'art inspirées par le sport. Les médailles ont été conçues par l'artiste florentin Giuseppe Cassioli.

POUR VOTRE INFORMATION

Jesse Owens, un athlète noir américain, a remporté quatre médailles d'or aux Jeux de Berlin en 1936. Il a contredit les idéologies nazies de supériorité de la race blanche en remportant ces médailles d'or.

Pendant les JO de 1956, les joueurs de water-polo de l'Union soviétique ont battu violemment leurs adversaires hongrois lors d'un match qui est devenu connu sous le nom de "blood in the water". Le joueur soviétique Valentin Prokopov a donné un coup de tête au Hongrois Ervin Zádor qui avait déjà marqué deux buts .

Durant les JO de Tokyo en 1964, Abebe Bikila, un marathonien éthiopien, a remporté sa deuxième médaille d'or consécutive en courant pieds nus. Il a également remporté la médaille d'or aux Jeux olympiques de Rome en 1960

POUR VOTRE INFORMATION

Durant les JO de Mexico en 1968, Tommie Smith et John Carlos, deux athlètes noirs américains, ont levé le poing ganté de noir pendant l'hymne national américain pour protester contre la discrimination raciale. Le médaillé d'argent australien Peter Norman a aussi porté un badge de l'Olympic Project for Human Rights contre la ségrégation raciale sur son blouson

Pendant les JO de Moscou en 1980, l'équipe de hockey sur glace américaine a remporté une victoire inattendue contre l'Union soviétique dans ce qui est devenu connu sous le nom de "Miracle on Ice". Le match a eu lieu lors des Jeux olympiques d'hiver de 1980 à Lake Placid, New York . L'équipe américaine était composée de joueurs universitaires inexpérimentés et peu connus. La victoire a été considérée comme un moment charnière dans la guerre froide et a inspiré le film "Miracle" en 2004

POUR VOTRE INFORMATION

La première médaille d'or olympique a été remportée par James B. Connolly des États-Unis en triple saut aux Jeux Olympiques d'Athènes en 1896

Les athlètes olympiques sont tenus de suivre un code vestimentaire strict lors des cérémonies d'ouverture et de clôture des Jeux olympiques. Le Comité international olympique (CIO) établit ces règles pour assurer une apparence uniforme et respectueuse de l'événement. Les athlètes doivent porter des tenues spécifiques qui ont été approuvées par leur pays et par le CIO.

POUR VOTRE INFORMATION

La flamme olympique est un symbole important des Jeux olympiques modernes. Elle est allumée tous les quatre ans à Olympie, en Grèce, lors d'une cérémonie spéciale qui marque le début de la course de relais de la flamme. La flamme est ensuite transportée par des coureurs à travers plusieurs pays avant d'arriver à la ville hôte des Jeux olympiques. Une fois arrivée à la ville hôte, la flamme olympique est utilisée pour allumer la vasque olympique lors de la cérémonie d'ouverture. Cette vasque reste allumée pendant toute la durée des Jeux olympiques, symbolisant l'esprit de l'événement et de la compétition.

Les athlètes olympiques doivent prêter serment avant le début des compétitions pour promettre de respecter les règles et l'esprit des Jeux Olympiques.

POUR VOTRE INFORMATION

Jusqu'en 1988, les athlètes olympiques devaient être des amateurs pour participer aux compétitions des Jeux olympiques. Cela signifiait qu'ils ne pouvaient pas être rémunérés pour leur sport et devaient exercer une profession à côté de leur entraînement. Cette règle a été établie pour garantir l'amateurisme et l'égalité des chances entre les athlètes.

En 1988, le Comité international olympique a décidé d'assouplir les règles de l'amateurisme. Les athlètes ont été autorisés à recevoir des bourses d'études et des aides financières pour soutenir leur entraînement, mais ils ne pouvaient toujours pas être rémunérés pour leur sport.

En 1992, lors des Jeux olympiques de Barcelone, cette règle a été levée et les athlètes olympiques ont été autorisés à être des professionnels. Cela signifiait qu'ils pouvaient être payés pour leur sport et ne devaient pas exercer une profession à côté de leur entraînement.

POUR VOTRE INFORMATION

Les Jeux Olympiques d'été comprennent plus de 300 épreuves dans 33 sports différents.

Voici la liste des 33 sports qui étaient au programme des Jeux Olympiques d'été de Tokyo 2020, reportés en 2021 :

Athlétisme, Badminton, Baseball/Softball, Basketball, Box, Canoë-Kayak, Cyclisme, Équitation, Escrime, Football, Golf, Gymnastique artistique, Gymnastique rythmique, Handball, Hockey sur gazon, Judo, Karaté, Lutte, Natation, Natation synchronisée, Pentathlon moderne, Rugby à sept, Skateboard, Sport de tir, Sport de voile, Surf, Taekwondo, Tennis, Tennis de table, Tir à l'arc, Tir sportif, Triathlon, Volleyball

Il convient de noter que la liste des sports peut varier d'une édition des Jeux Olympiques d'été à l'autre.

POUR VOTRE INFORMATION

Aux Jeux Olympiques de 2008 à Beijing, une compétition de jonglerie de ballons a été organisée en tant qu'épreuve de démonstration.

Les Jeux Olympiques de 1936 à Berlin ont été les premiers à être retransmis à la télévision, bien que seules quelques personnes aient pu regarder la retransmission.

Les médailles olympiques sont fabriquées à partir de métaux recyclés, tels que des métaux provenant de téléphones portables et d'ordinateurs.

Aux Jeux Olympiques de 1960 à Rome, le marathon a été remporté par un coureur éthiopien qui avait couru pieds nus

Les Jeux Olympiques de 1900 à Paris ont inclus des épreuves d’art tels que la peinture et la sculpture

POUR VOTRE INFORMATION

Aux Jeux Olympiques de 2000 à Sydney, l'épreuve de plongeon avait été organisée dans une piscine où l'eau avait été colorée en vert pour faire ressortir les couleurs des maillots des plongeurs à la télévision

Les Jeux Olympiques de 1912 à Stockholm ont inclus une épreuve de tir au pigeon vivant

Les Jeux Olympiques de 1960 à Rome ont été les premiers à être diffusés en direct par satellite

Les Jeux Olympiques de 1964 à Tokyo ont été les premiers organisés en Asie

Aux Jeux Olympiques d'été de 1900 à Paris, des épreuves insolites ont été organisées, comme la course de ballons, la course de tonneaux et la lutte à la corde

VOS PROPRES INFORMATIONS

Info N°... :

Info N°... :

Info N°... :

Dessin (ou photo)

VOS PROPRES INFORMATIONS

Info N°... : --

Info N°... : --

Info N°... : ----------------

Dessin (ou photo)

VOS PROPRES INFORMATIONS

Info N°... : --

Info N°... : --

Info N°... : ---------------

Dessin (ou photo)

23

VOS PROPRES INFORMATIONS

Info N°... : --

Info N°... : --

Info N°... : ----------------

Dessin (ou photo)

RECORD

Records olympiques masculins

Discipline	Athlète	Pays	Performance	Date	Lieu
100 m	Usain Bolt	Jamaïque	9 s 63	05-août-12	Londres
200 m	Usain Bolt	Jamaïque	19 s 30	20-août-08	Pékin
400 m	Wayne van Niekerk	Afrique du Sud	43 s 03	15-août-16	Rio de Janeiro
800 m	David Rudisha	Kenya	1 min 40 s 91	09-août-12	Londres
1 500 m	Jakob Ingebrigtsen	Norvège	3 min 28 s 32	07-août-21	Tokyo
5 000 m	Kenenisa Bekele	Éthiopie	12 min 57 s 82	23-août-08	Pékin
10 000 m	Kenenisa Bekele	Éthiopie	27 min 1 s 17	17-août-08	Pékin
Marathon	Samuel Wanjiru	Kenya	2 h 6 min 32 s	24-août-08	Pékin
110 m haies	Liu Xiang	Chine	12 s 91	27-août-04	Athènes

RECORD

Records olympiques masculins

Discipline	Athlète	Pays	Performance	Date	Lieu
400 m haies	Karsten Warholm	Norvège	45 s 94	03-août-21	Tokyo
3 000 m steeple	Conseslus Kipruto	Kenya	8 min 3 s 28	17-août-16	Rio de Janeiro
4 × 100 m	Nesta Carter Michael Frater Yohan Blake Usain Bolt	Jamaïque	36 s 84	11-août-12	Londres
4 × 400 m	LaShawn Merritt Angelo Taylor David Neville Jeremy Wariner	États-Unis	2 min 55 s 39	23-août-08	Pékin
20 km marche	Chen Ding	Chine	1 h 18 min 46 s	04-août-12	Londres

RECORD

Records olympiques masculins

Discipline	Athlète	Pays	Performance	Date	Lieu
50 km marche	Jared Tallent	Australie	3 h 36 min 53 s	11-août-12	Londres
Saut en longueur	Bob Beamon	États-Unis	8,90 m	18-oct-68	Mexico
Triple saut	Kenny Harrison	États-Unis	18,09 m	27-juil-96	Atlanta
Saut en hauteur	Charles Austin	États-Unis	2,39 m	28-juil-96	Atlanta
Saut à la perche	Thiago Braz da Silva	Brésil	6,03 m	16-août-16	Rio de Janeiro
Lancer du poids	Ryan Crouser	États-Unis	23,30 m	05-août-21	Tokyo
Lancer du disque	Virgilijus Alekna	Lituanie	69,89 m	23-août-04	Athènes
Lancer du marteau	Sergey Litvinov	Union soviétique	84,80 m	26-sept-88	Séoul
Lancer du javelot	Andreas Thorkildsen	Norvège	90,57 m	23-août-08	Pékin
Décathlon	Damian Warner	Canada	9 018 points	05-août-21	Tokyo

RECORD

Records olympiques féminins

Discipline	Athlète	Pays	Performance	Date	Lieu
100 m	Elaine Thompson-Herah	Jamaïque	10 s 61	31-juil-21	Tokyo
200 m	Florence Griffith-Joyner	États-Unis	21 s 34	29-sept-88	Séoul
400 m	Marie-José Pérec	France	48 s 25	29-juil-96	Atlanta
800 m	Nadezhda Olizarenko	Union soviétique	1 min 53 s 43	27-juil-80	Moscou
1 500 m	Faith Kipyegon	Kenya	3 min 53 s 11	06-août-21	Tokyo
5 000 m	Vivian Cheruiyot	Kenya	14 min 26 s 17	19-août-16	Rio de Janeiro
10 000 m	Almaz Ayana	Éthiopie	29 min 17 s 45	12-août-16	Rio de Janeiro
Marathon	Tiki Gelana	Éthiopie	2 h 23 min 07	05-août-12	Londres
100 m haies	Jasmine Camacho-Quinn	Porto Rico	12 s 26	1er août 2021	Tokyo

RECORD

Records olympiques féminins

Discipline	Athlète	Pays	Performance	Date	Lieu
400 m haies	Sydney McLaughlin	États-Unis	51 s 46	04-août-21	Tokyo
3 000 m steeple	Gulnara Samitova-	Russie	8 min 58 s 81	16-août-08	Pékin
4 × 100 m	Tianna Madison	États-Unis	40 s 82	10-août-12	Londres
	Allyson Felix				
	Bianca Knight				
	Carmelita Jeter				
4 × 400 m	Tatyana Ledovskaya	Union soviétique	3 min 15 s 17	1er octobre 1988	Séoul
	Olga Nazarova				
	Mariya Pinigina				
	Olga Bryzgina				
20 km marche	Qieyang Shenjie	Chine	1 h 25 min 16 s	11-août-12	Londres

RECORD

Records olympiques féminins

Discipline	Athlète	Pays	Performance	Date	Lieu
Saut en longueur	Jackie Joyner-Kersee	États-Unis	7,40 m	29-sept-88	Séoul
Triple saut	Yulimar Rojas	Venezuela	15,67 m	1er août 2021	Tokyo
Saut en hauteur	Yelena Slesarenko	Russie	2,06 m	28-août-04	Athènes
Saut à la perche	Yelena Isinbayeva	Russie	5,05 m	18-août-08	Pékin
Lancer du poids	Ilona Slupianek	Allemagne de l'Est	22,41 m	24-juil-80	Moscou
Lancer du disque	Martina Hellmann	Allemagne de l'Est	72,30 m	29-sept-88	Séoul
Lancer du marteau	Anita Włodarczyk	Pologne	82,29 m	15-août-16	Rio de Janeiro
Lancer du javelot	Osleidys Menendez	Cuba	71,53 m	27-août-04	Athènes
Décathlon	Jackie Joyner-Kersee	États-Unis	7 291 points	24-sept-88	Séoul

QUIZ

1. En quelle année les premiers Jeux Olympiques modernes ont-ils eu lieu ?
a) 1892
b) 1896
c) 1900

2. Où se sont déroulés les premiers Jeux Olympiques modernes ?
a) Athènes, Grèce
b) Rome, Italie
c) Paris, France

3. Combien de sports étaient au programme des premiers Jeux Olympiques modernes ?
a) 9
b) 13
c) 7

4. Dans quel sport les athlètes doivent-ils nager, faire du vélo et courir en succession ?
a) Décathlon
b) Pentathlon moderne
c) Triathlon

Solution P72

QUIZ

5. Combien de fois les Jeux Olympiques d'été ont-ils été annulés en raison de la guerre ?
a) 2
b) 3
c) 4

6. Quel est le plus grand nombre de médailles remportées par un athlète lors d'un seul Jeu Olympique ?
a) 6
b) 8
c) 10

7. Dans quel sport les athlètes doivent-ils montrer leur adresse avec un arc et une flèche ?
a) Escrime
b) Tir sportif
c) Tir à l'arc

8. Quelle est la durée typique des Jeux olympiques modernes ?
a) 2 semaines
b) 3 semaines
c) 4 semaines

Solution P72

QUIZ

9. Quel pays a remporté le plus grand nombre de médailles d'or aux Jeux olympiques d'été ?
A) États-Unis
B) Russie
C) Chine

10. Qui a allumé la flamme olympique lors des Jeux olympiques d'été de 1996 à Atlanta ?
A) Magic Johnson
B) Michael Jordan
C) Muhammad Ali

11. Quel est le plus jeune athlète à avoir participé aux JO d’été ?
A) Dimitrios Loundras
B) Marjorie Gestring
C) Fu Mingxia

12. Combien de sports différents sont disputés aux Jeux olympiques d'été de Tokyo en 2021 ?
A) 31
B) 32
C) 33

Solution P72

QUIZ

13. Combien de médailles d'or a remporté Michael Phelps aux Jeux olympiques ?
A) 18
B) 20
C) 23

14. Quel est le sport le plus populaire aux Jeux Olympiques d'été ?
A. Athlétisme
B. Football
C. Basket-ball

15. Quel est le record du monde du saut en hauteur masculin ?
A. 2,43 mètres
B. 2,45 mètres
C. 2,47 mètres

16. Quel athlète français a reçu le plus de médailles ?
A) Martin Fourcade (biathlon)
B) Teddy Riner (judo)
C) Laure Manaudou (natation)

Solution P72

QUIZ

17. Combien de fois la France a-t-elle organisé les JO ?
A) 3
B) 6
9) 9

18. Lors de quelle olympiade le marathon adopta pour la première fois la distance de 42,195 km ?
A) Jeux d'Athènes (1896)
B) Jeux de Londres (1908)
C) Jeux de Paris (1924)

19. Quel est la seule olympiade à s'être déroulé à la fois en Europe et en Océanie ?
A) Jeux Olympiques de Melbourne (1956)
B) Jeux Olympiques de Munich (1972)
C) Jeux Olympiques de Sydney (2000)

20. Quel âge avait la gymnaste Nadia Comăneci lorsque-elle a obtenu la note historique de 10/10 lors des JO de 1976 ?
A) 14 ans
B) 16 ans
C) 18 ans

Solution P72

QUIZ

21. Comment appelle-t-on la période de 4 années qui sépare deux JO ?
A) Une olympiade
B) Une Olympie
C) Une Quadrature

22. À partir de quel âge peut-on participer aux Jeux Olympiques de la jeunesse?
A) 8 ans
B) 10 ans
C) 14 ans

23. Quel sport est apparu pour la première fois aux jeux de Tokyo 2020 ?
A) L'escalade
B) Le golf
C) Le tennis de table

24. Qui est le plus jeune sportif français à avoir obtenu une médaille d'or aux JO en judo?
A) David Douillet
B) Djamel Bouras
C) Teddy Riner

Solution P72

QUIZ

25. Dans quelle épreuve olympique les hommes ne sont-ils pas représentés?
A) Le tir à l'arc
B) La gymnastique rythmique
C) Le patinage artistique

26. Quel pays entre toujours en premier dans le stade lors d'une cérémonie d'ouverture des JO?
A) Le Pays organisateur
B) Le dernier pays organisateur
C) La Grèce

27. Que devait-on faire pendant les JO de la Grèce antique?
A) La fête
B) La guerre
C) La paix

28. Comment appelle-t-on le lieu où se déroulent des épreuves de cyclisme sur piste?
A) Un vélo-stade
B) Un vélodrome --- Correct
C) Cyclo-stade

Solution P72

QUIZ

29. Quelle forme avait le stade d'Olympie?

A) Ronde

B) Rectangulaire

C) Ovale

30. Quel terme anglais signifie le respect des autres, des adversaires, des règles, des arbitres?

A) Le fair-play

B) La dream team

C) Les Play-off

31. Quelle longueur mesure une piscine olympique?

A) 25 m

B) 50 m

C) 100 m

32. Quelle profondeur minimale doit avoir une piscine où se déroulent les épreuves de plongeon?

A) 2 m

B) 5 m

C) 10 m

Solution P72

QUIZ

33. Qui proclame la clôture des Jeux Olympiques dans un pays?
A) un athlète
B) Le chef d'Etat
C) Le président du CIO

34. Combien de disciplines compte le programme d'équitation aux JO?
A) 3
B) 5
C) 7

35. Quel rôle le nageur J. Weissmuller a-t-il joué au cinéma après 5 médailles d'or aux JO?
A) Superman
B) Tarzan ---Correcte
C) King Kong

36. Quelles sont les 2 disciplines du combiné nordique?
A) Le ski de fond et le tir
B) Le ski de fond et le saut à ski
C) Le ski de fond et la luge

Solution P72

Mots mêlés

Mots mêlés

Puzzle 1

A	T	H	L	E	T	I	C	S	Z	Y	E	B	Y	W	Q
F	B	U	L	S	S	S	U	B	O	C	Y	I	F	L	X
H	S	W	Y	J	F	Q	M	C	R	L	H	E	U	O	K
W	C	J	C	M	Z	U	B	N	D	O	T	Y	P	Y	Y
I	G	R	I	S	I	P	X	L	O	N	N	J	W	O	L
T	B	Z	G	D	H	O	O	A	U	N	U	Z	D	M	A
F	D	A	A	W	O	G	T	R	H	O	B	U	E	G	T
N	F	T	S	M	C	W	Q	C	B	J	U	V	N	S	I
W	S	C	E	K	K	P	X	H	T	M	A	I	E	J	N
Y	Z	I	O	H	E	U	H	E	H	F	V	T	Y	A	Q
K	C	R	U	L	Y	T	G	R	Y	I	E	Y	Y	H	I
P	A	Y	Y	O	D	V	B	Y	D	L	L	C	K	P	U
B	S	I	Y	L	E	W	Y	A	H	F	D	I	W	M	H
A	I	V	Q	S	S	Z	A	T	L	C	M	U	T	Z	J
S	K	A	T	I	N	G	A	R	B	L	X	Z	Q	L	Y
M	Q	Y	G	N	I	G	O	F	H	S	I	L	V	E	R

ARCHERY
ATHLETICS
BRONZE
DIVING
HOCKEY
SILVER
STADIUM
ATHLETES
BASKETBALL
COLD WAR
GOLD
LATIN
SKATING

Solution

Mots mêlés

Puzzle 2

F	S	V	L	M	X	U	C	E	B	S	O	X	B	C	T
Q	Z	W	Q	R	S	H	O	V	H	V	X	S	S	P	N
T	M	D	T	P	T	E	I	A	V	W	F	O	U	L	P
E	M	K	B	D	U	Q	E	G	L	U	B	A	T	O	N
F	T	J	J	I	J	C	H	Z	H	N	I	V	I	A	D
A	P	A	K	S	F	U	A	E	S	J	A	U	W	F	E
L	D	I	D	C	E	O	M	M	F	J	U	E	L	C	C
S	I	A	O	U	P	S	M	O	R	E	R	M	K	K	A
E	W	T	E	S	Y	N	E	L	T	Z	S	B	P	C	T
S	J	H	K	H	Q	U	R	H	Q	R	M	Y	M	D	H
T	A	L	Q	W	Y	X	P	G	H	C	A	M	S	Y	L
A	A	E	I	O	M	P	Z	B	J	V	I	C	A	J	O
R	Q	T	G	F	I	E	L	D	M	P	S	D	K	K	N
T	X	E	G	L	T	R	I	P	L	E	J	U	M	P	S
K	E	A	T	H	L	E	T	I	C	S	O	C	Z	N	A
S	W	B	J	C	H	B	E	L	L	L	A	P	S	A	D

ATHLETE
BATON
DECATHLON
FALSE START
FOUL
HIGH JUMP
TRIPLE JUMP
ATHLETICS
BELL LAP
DISCUS
FIELD
HAMMER
TRACK

Solution

Mots mêlés

Puzzle 3

H	Y	O	F	J	C	X	R	X	F	U	T	G	D	B	O
P	K	U	B	U	D	A	O	X	W	D	E	M	N	T	C
G	W	V	A	T	G	B	Y	U	G	M	J	D	U	P	Z
N	K	B	V	C	I	G	P	R	C	H	W	P	F	V	L
A	L	J	W	N	G	R	P	P	G	T	T	S	Q	A	O
Q	H	F	T	T	P	E	X	E	O	O	E	A	N	U	N
S	J	J	W	A	S	L	Y	D	H	L	I	O	E	L	G
P	E	A	L	S	U	A	R	S	D	P	H	N	L	T	J
R	C	I	V	A	D	Y	U	R	G	T	A	L	N	V	U
I	Z	R	C	E	D	I	U	W	A	L	K	P	A	Z	M
N	R	E	T	F	L	H	G	R	S	U	E	K	W	H	P
T	B	C	R	L	G	I	A	V	L	Z	I	U	D	B	T
K	H	O	N	R	D	M	N	U	P	O	L	E	B	C	Q
X	T	R	S	T	E	E	P	L	E	C	H	A	S	E	S
Q	I	D	T	B	Q	H	Y	C	F	Q	H	V	L	K	B
G	O	N	H	B	D	P	F	H	O	O	M	K	F	P	E

- HURDLES
- LANE
- LONG JUMP
- POLE
- RELAY
- SPRINT
- VAULT
- JAVELIN
- LAP
- MARATHON
- RECORD
- SHOT PUT
- STEEPLECHASE

Solution

Mots mêlés

Puzzle 4

Z	J	Q	U	W	D	U	Y	O	E	F	X	D	U	X	K
Q	U	M	J	R	A	N	A	O	G	U	U	I	O	C	Y
F	J	X	Y	T	V	G	D	N	K	B	A	Z	X	R	X
G	I	J	Z	C	N	C	I	O	Z	O	C	J	E	N	W
Y	T	C	Y	I	C	K	B	Q	U	W	Q	H	B	K	F
M	S	H	X	L	A	U	M	L	E	G	C	B	C	S	X
N	U	O	G	Y	Q	A	A	X	G	R	L	A	D	H	X
A	B	Y	A	G	T	C	P	G	A	D	U	D	R	M	L
S	O	K	F	Q	C	M	H	D	Q	H	J	M	S	H	P
T	D	K	C	E	T	V	P	E	U	U	U	I	A	O	T
I	I	K	X	X	N	T	S	V	S	D	D	N	D	W	B
C	V	P	U	Q	Q	C	M	D	Q	S	O	T	S	G	X
S	I	P	T	U	W	T	I	C	H	B	Q	O	K	K	K
B	N	B	Q	H	X	L	S	N	D	J	H	N	V	I	B
E	G	A	S	X	N	O	V	J	G	S	R	B	F	P	S
J	G	R	J	N	N	N	T	P	O	L	K	C	S	Z	Q

ARCHERY
BOXING
DIVING
GYMNASTICS
JUJITSU
BADMINTON
CHESS
FENCING
JUDO
KAYAKING

Solution

Mots mêlés

Puzzle 5

Z	W	E	I	G	H	T	L	I	F	T	I	N	G	K	I
V	E	E	C	W	S	W	Q	Z	I	C	D	I	C	P	W
E	Z	K	E	G	L	G	N	S	B	B	W	A	I	Q	F
W	C	B	W	Z	N	T	C	S	G	I	R	H	D	N	R
W	A	T	I	I	W	I	L	W	C	T	V	V	D	U	Q
L	Q	J	I	L	T	J	B	I	M	O	U	I	J	S	G
A	M	K	O	E	I	V	I	M	V	J	M	A	B	B	V
C	S	J	L	L	T	W	H	M	W	P	P	J	F	J	Y
J	U	H	F	U	V	B	B	I	S	Z	G	T	X	U	Z
J	T	I	O	Q	L	H	Q	N	X	V	K	T	T	Q	O
A	F	F	V	W	C	Z	H	G	H	R	S	G	R	T	M
K	A	T	A	E	K	W	A	N	D	O	J	E	M	Y	Q
A	M	H	R	U	W	R	E	S	T	L	I	N	G	I	A
E	S	C	A	N	O	E	I	N	G	C	P	T	F	L	X
X	A	W	H	O	R	S	E	R	A	C	I	N	G	E	I
V	W	U	X	F	C	A	P	M	V	Y	G	H	O	W	A

ATHLETICS
HORSE RACING
SWIMMING
TRACK
WRESTLING
CANOEING
SKIING
TAEKWANDO
WEIGHTLIFTING

Solution

Traduction

Traduction

Tableau 1

N°	English Word	Mot en français
1	Athletes	
2	Gold	
3	Diving	
4	Silver	
5	Skating	
6	Archery	
7	Hockey	
8	High Jump	
9	Hammer	
10	Medal	

Solution

Traduction

N°	English Word	Mot en français
1	Track	
2	Hurdles	
3	Lane	
4	Long Jump	
5	Sprint	
6	Shot Put	
7	Relay	
8	Javelin	
9	Boxing	
10	Chess	

Tableau 2

Solution

Traduction

N°	English Word	Mot en français
1	Team	
2	Kayaking	
3	Swimming	
4	Wrestling	
5	Canoeing	
6	Skiing	
7	Weightlifting	
8	Flag	
9	Ranking	
10	Team event	

Tableau 3

Solution

Lettres mélangées

Lettres mélangées

TALHETE - - - - - - -

ALILEDEM - - - - - - - -

TINPECITOOCMP - - - - - - - - - - - - -

RPOST - - - - -

VREEPEU - - - - - - -

Solution

Lettres mélangées

SRECROD - - - - - - -

ENEIMRECE - - - - - - - - -

SPAY - - - -

INSDCIIEPLIS - - - - - - - - - - - -

DEAST - - - - -

Solution

Lettres mélangées

AUGDARF - - - - - - -

PODIUM - - - - - -

EQIEPE - - - - - -

FALMME - - - - - -

METOIC - - - - - -

Solution

Devinettes

Devinettes (1)

Bondissant comme un jeune faon, Je saute et je tourbillonne de façon. Sur un tapis coloré, je fais des prouesses, Un sport de grâce et de finesse.

Solution

Devinettes (2)

Dans les airs, je vole et je frôle, Les cieux sont mon royaume, je décolle.
Des cerceaux colorés, j'embrasse.
Un spectacle aérien qui dépasse.

Solution

Devinettes (3)

Dans l'arène de combat, je défends,
Un casque brillant coiffe mon front vaillant.
Avec une épée, je suis un chevalier,
Un sport ancien, plein d'honneur et de fierté.

Solution

Devinettes (4)

Avec des raquettes et une balle légère,
Je joue sur le court, sans frontière.
En duel, je fais preuve de ténacité,
Un sport vif et rempli de complicité.

Solution

Devinettes (5)

Sur la glace, je danse et je glisse,
Tournant et virevoltant sans malice.
En harmonie avec la musique, je me délivre,
Un spectacle artistique qui enivre.

Solution

Devinettes (6)

Bondissant comme un lièvre,
Sur la piste, je suis un bolide en fièvre.
Une course à toute vitesse, je m'élance,
Un sport où la victoire est en transe.

Solution

Enquêtes

Enquête (1)

Dans l'éclat des Jeux Olympiques enchantés,

Un mystère s'insinue, une énigme captivante est née.

Un dimanche matin, le papa et la maman de Nicolas sont sortis pour assister la cérémonie d'ouverture des Jeux Olympiques, en laissant leur enfant (Nicolas) à la maison avec la nounou, la cuisinière et le jardinier.

À leur retour (l'après-midi), ils ont constaté la disparition de Nicolas. Immédiatement, ils ont appelé la police.

À son arrivée, l'enquêteur a commencé de poser des questions aux 3 personnes présentes à la maison au moment de la disparition de Nicolas.

- Le jardinier déclare tendre l'herbe du jardin
- La cuisinière déclare préparer le repas pour le déjeuner
- La nounou déclare préparer le cartable de l'enfant

L'enquêteur a su tout de suit, le menteur parmi les trois personnes. Et donc c'est cette personne qui a enlevé Nicolas.

As-tu découvert cette personne ?

Enquête (2)

Alors que le chef cuisiner du village Olympique était dans le dépôt de la cuisine, quelqu'un l'a agressé en le frappant sur sa tête par dernière.

Après avoir repris ses esprits, il a appelé la police.

Les enquêteurs ont commencé à poser des questions aux personnes présentes sur place :

Le caissier a dit qu'il est resté à la caisse. Il a ajouté qu'il n'a rien entendu ou vu.

Le serveur a dit qu'il a fait des va-et-vient entre la cuisine et la salle pour servir les clients. Il a ajouté qu'il n'a même pas pensé à vérifier le dépôt.

L'assistant du chef a dit qu'il est resté à la cuisine. Il a ajouté n'avoir vu le chef que matin.

Les enquêteurs ont su tout de suite l'agresseur du chef.

Et toi, tu as une idée sur cet agresseur?

Enquête (3)

Alors que tout le monde était devant la TV pour regarder l'épreuve d'athlétisme, un voleur est entré dans une banque pour la cambrioler.

Alors qu'il a commencé à ramasser de l'argent, la police est arrivée sur place et a encerclé la banque. Le voleur a pris des otages et appelé la police via son téléphone smartphone .

Il leur a demandé de lui laisser partir contre la libération des otages. La police a accepté sa demande. Le voleur part, alors, avec un sac rempli d'argent, son smartphone et un chien qui appartient à un des otages.

La question est : pourquoi le voleur a pris le chien avec lui ?

Enquête (4)

L'agence d'une grande banque vient d'être cambriolée. Le cambrioleur dont le visage est dissimulé a pris tout l'argent qui se trouve dans le coffre.

L'enquêteur chargé de l'affaire recueille les témoignages des gens présents lors du cambriolage. Il dresse le profil du cambrioleur et les circonstances comme suit :

Le cambrioleur est un homme de race blanche et de taille moyenne, calme et très sûr de lui. Le cambriolage s'est déroulé rapidement et le cambrioleur est parti en courant.

L'enquêteur consulte la base de données de la police, et 4 personnes ont été affichées comme cambrioleurs et donc comme suspects potentiels. Voici leurs profils:

- Martin : français d'origine anglaise de confusion chrétienne, et de taille moyenne. Ancien footballeur converti en coach de Yoga.
- Laura : une femme blonde de 25 ans connait par son intelligence et sa rapidité d'exécution des cambriolages
- Fabien : un français d'origine africaine, ancien athlète, 1m78, connait par son sang froid et son sens d'humeur
- André : un français de taille moyenne, ancien militaire ayant perdu un bras lors d'une mission des Nations unies.

Après avoir consulté le profil de chacun, l'enquêteur annonce à son chef connaitre le cambrioleur. Il ajoute à son chef qu'il est sûr de son constat et ses conclusions.

Et toi, comment as-tu analysé les choses ? Qui est le cambrioleur selon toi ?

Enquête « Solution »

Enquête 1

Enquête 2

Enquête 3

Enquête 4

PROGRAMME

Date et journée	Sport à suivre	Heure	Chaine TV

PROGRAMME

Date et journée	Sport à suivre	Heure	Chaine TV

SCORE ET SUIVI

Journée N°..... Date : ...../...../20.....

Sport 1 : ....

1..
2..
3..

Sport 2 : ....

1..
2..
3..

Sport 3 : ....

1..
2..
3..

Notes ....
....
....

SCORE ET SUIVI

Journée N°..... Date : ...../...../20.....

Sport 1 : ....

1...
2...
3...

Sport 2 : ....

1...
2...
3...

Sport 3 : ....

1...
2...
3...

Notes ....
....
....

MEDAILLES/CLASSEMENT

Nombre de médailles Date : ..../......./20.....

Pays	Or	Argent	Bronze	Total	Classement

MEDAILLES/CLASSEMENT

Nombre de médailles   Date : ……/……/20…..

Pays	Or	Argent	Bronze	Total	Classement

REPONSE QUIZ

1.b / 2.a / 3.a / 4.c / 5. b / 6.b / 7.c / 8.a / 9. a / 10. c / 11. b / 12.c

13.c / 14.a / 15.b/ 16.a / 17.b / 18.b / 19.c / 20.a / 21.a / 22.c / 23.a / 24.c

25.b / 26.c / 27.c / 28.b / 29.a / 30.a / 31.b / 32.b / 33.c / 34.a / 35.b / 36.b

Printed in Poland
by Amazon Fulfillment
Poland Sp. z o.o., Wrocław

24465597R10045